L'AURÉOLE
DE LA CROIX.

Les formalités légales ayant été remplies pour la garantie de la propriété, toute contrefaçon sera poursuivie contre ses auteurs ou complices.

L'AURÉOLE DE LA CROIX,

ALPHABET DE FAMILLE,

POUR APPRENDRE A LIRE, A ÉCRIRE ET CALCULER, AUX PERSONNES DE TOUS LES LIEUX ET DE TOUT AGE, EN FORME DE JEUX DE DOMINO, DE LOTO, ET DE CARTES, TRÈS-AMUSANT,

A L'ÉPREUVE.

COMPOSE

DE DIX ARTICLES QUI SE LIVRENT ENSEMBLE OU SÉPARÉS.

TOULOUSE,
Imprimerie de BELLEGARRIGUE, Libraire, rue des Filatiers, 40.

1842.

DOMINOS ALPHABETHIQUES.

L'application des Jeux à l'instruction que je présente ici, après bien des épreuves, réunit l'utile à l'agréable, et la met à la portée de tout le monde ; c'est ainsi que ces Jeux peuvent devenir une compensation des maux que causent les autres Jeux en général.

Celui-ci coïncide exactement avec le Signe de la Rédemption, et c'et à cause de ce rapport intéressant et remarquable qu'il a pour titre l'*Auréole de la Croix.*

DISPOSITIONS.

Ces Jeux forment trois Croix régulières, dont chacune contient dans sa longueur toutes les lettres de l'alphabet du même genre d'écriture ; les voyelles au-dessus, et les voyelles des autres deux genres d'écriture en usage forment les deux bras.

Les lettres A centrales se placent toujours avant de jouer, toutes les autres se distribuent par égales parties aux joueurs, et à la réserve, où se joint ce qui reste lorsqu'il n'y en a plus pour toutes les parts.

Après la distribution, tous les jeux, ainsi que la réserve, se mettent à découvert ; celui qui a la plus belle lettre consonne joue le premier, et, s'il boude, c'est son voisin à droite, jusqu'au dernier.

Lorsque tous boudent, celui à qui est le tour de jouer prend une pièce à la réserve qu'il puisse placer, en échange de l'une des siennes, et à son choix, en écartant toujours la plus difficile à jouer ; c'est ainsi que l'on continue jusqu'à ce que l'un des joueurs a placé toutes ses pièces, ce qui lui fait gagner la partie.

Tous les autres Jeux n'offrent que deux sortes d'appâts, celui du gain, et celui de vaincre ses adversaires ; ceux-ci en offrent un troisième, l'instruction, préférable aux deux autres : par ce nouvel intérêt on peut fort bien retrancher les mises sans les déprécier, et en ôter par là tout ce qui pourrait devenir abusif dans ce mode d'enseignement.

Chacun de ces Jeux peut occuper depuis deux jusqu'à sept joueurs ; pour l'instruction il faut nommer les lettres, en les plaçant dans l'ordre indiqué par les figures ci-jointes.

I

MAJUSCULE.

u	o	i	e	a	A	*a*	*e*	*i*	*o*	*u*

U
O
I
E
A
B
C
D
F
G
H
J
K
L
M
N
P
Q
R
S
T
V
X
Y
Z

II

Minuscule.

u	*o*	*i*	*c*	*a*	a	A	E	I	O	U

u
o
i
e
a
b
c
d
f
g
h
j
k
l
m
n
p
q
r
s
t
v
x
y
z

III

Italique.

u	o	i	e	a	*a*	A	E	I	O	U

u
o
i
e
a
b
c
d
f

h
j
k
l
m
n
p
q
r
s
t
v
x
y
z

JEU DU LOTO.

Ce Jeu reprend l'instruction où celui de la Croix la laisse, et la conduit à la lecture et à l'écriture en peu de temps entièrement.

Il se compose de soixante-quinze boules qui présentent les vingt-cinq lettres de l'alphabet des trois genres d'écriture : majuscule, minuscule et italique d'un côté, et de l'autre le chiffre qui distingue chaque genre.

Une seule ligne d'écriture ou une phrase forme la partie pour tous les joueurs, leurs leçons ne sont différenciées que par le chiffre mis en marge, et ils ne peuvent être plus de trois ; mais le même tireur de boules peut conduire plusieurs parties à la fois.

Aussitôt qu'il a nommé la lettre et le chiffre, il met la boule dans l'autre côté du petit sac ; les joueurs les marquent au crayon, sous toutes les mêmes lettres que contient la leçon de leur chiffre, et celui qui a le plutôt marqué la sienne a gagné la partie.

Les leçons commencent, comme il est indiqué

ci-après, par des lettres seules, et vont progressivement jusqu'à former toute sorte de lignes, et de phrases.

Deux ou trois personnes suffisent pour former une école de famille, et, pourvu que l'une d'elles soit en état de conduire les jeux, les autres l'ont bientôt appris; mais il faut qu'il y ait un des joueurs capable d'expliquer aux autres verbalement tout ce qui est enseigné dans cet alphabet, et répondre à toutes les questions des écoliers imprévues dans cette explication, et qui sont inévitables.

a b c d e f g h i j k l m
n o p q r s t u v x y z

ba	be	bi	bo	bu
ca	ce	ci	co	cu
da	de	di	do	du
fa	fe	fi	fo	fu
ga	ge	gi	go	gu
ha	he	hi	ho	hu
ja	je	ji	jo	ju
ka	ke	ki	ko	ku
la	le	li	lo	lu
ma	me	mi	mo	mu
na	ne	ni	no	nu
pa	pe	pi	po	pu
qua	que	qui	quo	quu
ra	re	ri	ro	ru
sa	se	si	so	su
ta	te	ti	to	tu

va	ve	vi	vo	vu
xa	xe	xi	xo	xu
ya	ye	yi	yo	yu
za	ze	zi	zo	zu

ab	eb	ib	ob	ub
ac	ec	ic	oc	uc
ad	ed	id	od	ud
af	ef	if	of	uf
ag	eg	ig	og	ug
ah	eh	ih	oh	uh
aj	ej	ij	oj	uj
ak	ek	ik	ok	uk
al	el	il	ol	ul
am	em	im	om	um
an	en	in	on	un
ap	ep	ip	op	up
aq	eq	iq	oq	uq
ar	er	ir	or	ur

as	es	is	os	us
at	et	it	ot	ut
av	ev	iv	ov	uv
ax	ex	ix	ox	ux
ay	ey	iy	oy	uy
az	ez	iz	oz	uz

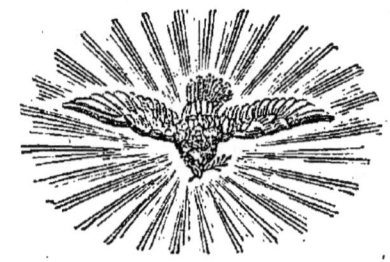

DIPHTONGUES ET MOTS.

Ai ia ie oe ua ue ui uo oi io iai eoi oin ian ien ieu iau ion iou uai uin uan oui noi nom sel bon loi mer fin air beau doux lieu jour ciel mois fleur grâce ville force globe vertu délice gloire mérite vérité civile sincère fortune liberté célèbre prudence charmant agréable divinité merveille généreuse espérance blancheur honorable.

Perfection instrument marchandise indomptable intelligent modification républicaine surnaturelle interrogatoire correspondance qualifications continuellement perpendiculaire incommensurables conventionnelles provisionnellement incompréhensibles imprescriptibilités consubstantiellement anticonstitutionnellement.

———⊶✦⊷———

LIGNES ET PHRASES.

Heureux l'homme qui craint le Seigneur :

Sa postérité sera puissante sur la terre ;

La race du juste sera comblée de bénédictions,

La gloire et les richesses sont dans sa maison,

Son cœur est inébranlable, et il ne craint rien ;

Il attend que Dieu le venge de ses ennemis (*Ps.* 111).

Si le Seigneur ne bâtit lui-même la maison, c'est en vain que travaillent ceux qui la construisent (*Ps.* 126).

Aimez la lumière de la Sagesse, vous tous qui commandez les peuples du monde;

Elle est la maîtresse de la science de Dieu, et la directrice de tous ses ouvrages :

Si quelqu'un désire la profondeur de la science, c'est elle qui sait le passé, et qui juge de l'avenir;

Elle pénètre ce qu'il y a de plus subtil à démêler, et tout ce qui doit arriver dans la suite des temps;

J'ai donc résolu de la prendre avec moi, pour être la fidèle compagne de ma vie (*la Sag.*, *ch.* 6 — 23, *ch.* 8 — 8.

1er Exemple.

{ 1 *abcdefghijklm*
{ 2 *abcdefghijklm*
{ 3 *abcdefgijklm*

. . . .

| | | | | | | | | | | |

a a a a a a a a a a a a
b , *etc.*

2e Exemple.

1 *nopqrstuvxyz*

. . . .

Même disposition que le premier exemple, dont chaque ligne se rapporte au genre d'écriture indiqué par son chiffre sur les boules ; on commence par des points, après on fait des barres, ensuite des lignes de la même lettre, jusqu'à ce qu'on sache bien les former toutes, alors on copie toute la ligne, et celui des joueurs qui a le plutôt écrit la sienne a gagné la partie, moyennant qu'il sache la dire sans faute, sinon c'est celui des autres qui a fini le plutôt.

Toutes les lignes de cet Alphabet peuvent former autant de leçons, que l'on peut multiplier selon que le besoin l'exige, dans la même forme, par d'autres exemples.

JEUX DES CARTES.

Ces Jeux, auxquels peuvent se rapporter la plupart des anciens Jeux de cartes en vogue, et beaucoup d'autres, enseignent les cinq règles essentielles de l'arithmétique ; savoir : l'addition, la soustraction, la multiplication, la division, et la règle de trois ou de proportion.

Les quatre premiers Jeux ont quarante cartes chacun, où les dix chiffres en usage sont répétés quatre fois, sous le nom d'unité, dizaine, centaine, mille, distingués par une des lettres **U D C M**, sur chaque carte.

Les zéros sont inférieurs à tous les autres chiffres ; mais ils diffèrent entr'eux selon la lettre de leur carte : c'est par cette distinction que toutes les cartes du même Jeu ont une valeur différente, et que les tournes sont inutiles.

1° Pour l'addition les points se comptent en rangeant les cartes par l'ordre d'unité, dizaine, centaine, mille, d'après leur lettre, et l'on en fait le compte au crayon lorsque le gain de la partie paraît douteux ;

2° Pour la soustraction, les points se comptent en totalisant les chiffres distingués par ce signe + *plus*, et ceux distingués par celui-ci — *moins*, que l'on soustrait du premier : ce qui reste est le nombre des points ;

3° Pour la multiplication, les points se comptent en faisant le total des chiffres ayant ce signe × placé à gauche, ou *multiplicande*, et le total des chiffres ayant ce même signe placé à droite, ou *multiplicateur*, que l'on multiplie ensuite l'un par l'autre, en idée ou au crayon : leur produit forme le véritable nombre des points ;

4° Pour la division, l'on fait le total des chiffres ayant ce signe | placé à gauche, ou dividende, et le total de ceux ayant ce même signe placé à droite, ou diviseurs ; on divise le premier par celui-ci, et le produit ou quotient forme le véritable nombre des points.

Tous ces divers signes ne changent rien à la valeur des cartes ; ce n'est que pour faire le compte des points qu'ils doivent avoir leur effet après la partie, ce qui présente des combinaisons différentes pour chaque Jeu ; mais on peut fort bien, si l'on veut, ne compter

e par levées, ce qui les rend plus simples que
autres jeux de cartes en usage.;

° Le Jeu de la règle de proportion ne se
pose que de trente cartes, qui contiennent
hiffres ci-après :

2	3	4	5	6	7	8	9	10
:2	:3	:4	:5	:6	:7	:8	:9	:10
::2	::3	::4	::5	::6	::7	::8	::9	::10

s chiffres qui n'ont pas de points sont
inférieurs à ceux qui ont deux points,
eux-ci tous inférieurs à ceux qui en ont
re; mais cette différence n'est que pour
re du Jeu : après la partie les cartes du
e chiffre, pointées ou non, sont égales
aleur pour la perte ou le gain.

orsqu'un joueur, dans ses levées, n'a que
e espèce de cartés, le compte de la partie
ce jeu est le total des chiffres additionnés
présente le premier exemple ci-après.

l en a de deux espèces, on fait le total
hacune, et l'on fait la soustraction de la
dre de celle qui est la plus forte; ce qui
est le vrai nombre de points, tel que
résente le deuxième exemple.

quand il en a de trois espèces, on fait le
de chacune, que l'on dispose ensuite ainsi
l'indique le troisième exemple : on mul-

tiplie le second nombre par le troisième, ensuite on divise le produit par le premier nombre, et ce qu'il donne pour quotient au quatrième nombre est le total des points.

Ces trois exemples offrent en même temps ceux des autres Jeux, dont tous les calculs se renferment dans la règle de proportion ; et il suffit que l'un des joueurs de la partie les connaisse pour que les autres l'apprennent très-facilement en le voyant faire.

1er	2e		3e		
4	7	8	4	:5	::4
3	2	6	2	:3	::5
total points 7	9	14	6	:8	::9
		ôter 9			
3e *exemple*.		reste points 5			

$6 : 8 :: 9 : x$, ou 6 est à 8 comme 9 est à x, en multipliant 9 par 8, et divisant leur produit par 6 : on trouve pour quotient 12, vrai nombre des points.

Pour l'enseignement il faut commencer par le Jeu de l'addition, et passer par degrés aux autres ; mais il faut compter d'abord par levées avant de compter par les chiffres ; ainsi, ces cartes sont tout à la fois plus faciles à jouer, et plus profondes en combinaisons que les cartes anciennes.

Par le moyen de ces Jeux, on peut apprendre à fond l'arithmétique ; tous les autres calculs étant accessoires aux cinq règles précitées, dont ils dépendent toujours.

On peut réduire les quatre premiers Jeux à trente cartes, en retranchant les milles, afin de les simplifier : dans ce cas, ceux de la soustraction et de la division doivent se compter *en moins* pour le gain de la partie.

―――――

Il faut des Jeux, sans doute, pour les récréations de toutes les sociétés humaines, depuis la plus tendre enfance jusqu'à la vieillesse : c'est un délassement d'esprit qui plaît aux hommes, comme aux femmes de toutes les conditions ; c'est aussi un sujet de réunions familières et amicales, les Jeux de cartes, sur-tout, qui occupent tant de monde : on ne saurait donc trop faire pour les ennoblir, et en éloigner toute inégalité de chance, toute surprise, et toute tromperie, dont tant de gens sont les victimes.

C'est à quoi tendent ceux-ci, et, de plus, à propager en même temps l'instruction élémentaire, et la mettre à la portée des personnes de tous les lieux, de toutes les conditions et de tous les âges, en forme d'amusement.

FIN.

www.ingramcontent.com/pod-product-compliance
Lightning Source LLC
Chambersburg PA
CBHW060929050426
42453CB00010B/1920